# 아미타경 한글 사경

김 현 준 옮김

한량없는 세월동안 몸이나 물질로 보시한 공덕보다
경전을 사경하고 독송한 공덕이 훨씬 더 뛰어나니라

새벽숲

### · 아미타경 사경과 영험

사경은 기도와 수행의 한 방법이며, 우리의 삶을 밝은 쪽으로 바른 쪽으로 행복한 쪽으로 나아가게 하는 거룩한 불사입니다. 아미타경을 써보십시오. 아미타경을 눈으로 보고 입으로 외우고 손으로 쓰고 마음에 새기는 사경기도는 크나큰 성취를 안겨줍니다.

더욱이 아미타경은 아미타부처님의 크나큰 원력과 중생 구제의 실천행을 설한 대승불교의 경전이기 때문에, 이 경전을 사경하고 독경하면 아미타부처님의 한량없는 가피가 저절로 찾아들어, 집안이 편안해짐은 물론이요 업장소멸을 비롯한 갖가지 소원을 쉽게 성취할 수 있습니다.

특히 다음과 같은 원의 성취를 바란다면 아미타경 사경을 해보십시오.

· 부모 및 일가친척 영가의 극락 왕생을 기원할 때
· 내생에 '나' 자신이 극락정토에 태어나고자 할 때
· 아미타불의 무량한 빛이 충만하기를 원할 때
· 집안의 평온하고 복되고 안정된 삶을 원할 때
· 입시 등 각종 시험의 합격을 원할 때
· 각종 병환·재난·시비·구설수 등을 소멸시키고자 할 때
· 구하는 바를 뜻대로 이루고자 할 때
· 업장을 소멸시키고자 할 때
· 귀신의 장애를 물리치고자 할 때
· 풍부한 자비심을 갖추고 마침내 성불하고자 할 때

이 밖에도 아미타경 사경의 영험은 이루 다 말할 수 없습니다.

· 아미타경 사경의 순서

1. 경문을 쓰기 전에

① 먼저 3배를 올리고 삼귀의를 한 다음, 아미타경 사경집을 펼치고 기본적인 축원부터 세 번 합니다.

"시방세계의 충만하신 불보살님이시여, 세세생생 지은 죄업 모두 참회합니다.
이제 아미타경을 사경하는 공덕을 선망조상과 유주무주 영가의 천도, 그리고 일체 중생의 행복을 위해 바칩니다.
아울러 저희 가족 모두가 늘 건강하옵고, 하는 일들이 다 순탄하여지이다."(3번)

② 이렇게 기본적인 축원을 한 다음, 꼭 성취되기를 바라는 일상의 소원들을 함께 축원하십시오. 예를 들면,

"아미타부처님이시여 가피를 내려 이 죄업 중생의 업장을 녹여 주시옵고, ··· 가 꼭 성취되게 하옵소서."

라고 합니다. 이 경우, 그 구체적인 소원들을 문장으로 만들어 10페이지의 '아미타경 사경 발원문' 난에 써놓고, 사경하기 전과 사경을 마친 다음 세 번씩 축원을 하면 좋습니다.

③ 축원을 한 다음「개법장진언」'옴 아라남 아라다'를 세 번 염송하고, 이어 '나무불설아미타경'을 세 번 외웁니다. 경의 제목은 그 경전 내용의 핵심을 함축하고 있고 공덕이 매우 크기 때문에 꼭 세 번씩 염송하기를 당부드리는 것입니다.

2. 경문을 쓸 때

① 아미타경 본문을 사경할 때는 부처님께서 설하신 원래의 경문만을 쓰고, 〔 〕안의 글자와 한글 위에 표기한 한자는 쓰지 않습니다.

② 사경을 할 때 바탕글씨와 똑같이 억지로 베껴 쓰는 분이 있는데, 시간이 너무 오래 걸리므로 꼭 그렇게 쓸 필요는 없습니다. 바탕글씨를 크게 벗어나지 않는 범위 내에서 자기 필체로 쓰면 됩니다.

③ 아미타경을 사경할 때 사경하는 내가 내용을 이해하지 못하고 글자만 쓰게 되면, 감동이 없을 뿐 아니라 공덕 또한 크게 떨어집니다.
'그냥 한 편을 쓰기만 하면 된다'는 자세로 뜻을 새기지 않고 사경을 해서는 절대로 안 됩니다. 스스로 뜻을 새기고 이해를 하며 쓰는 것이 무엇보다 중요하다는 것을 꼭 명심하시기 바랍니다.

④ 사경을 한다고 하여 처음부터 끝까지 좔좔좔 시냇물 흘러가듯 써내려가야 할 필요는 없습니다. 아미타경을 쓰다가 특별히 마음에 와닿는 구절이 있거나 새기고 싶은 이야기가 있으면 다시 한 번 읽으면서 사색에 잠기는 것도 좋습니다. 이렇게 사경을 하게 되면 아미타경의 내용이 차츰 '나'의 것이 되

고, 아미타경의 가르침이 '나'의 것이 되면 천도와 업장참회는 물론이요 무량공덕이 저절로 생겨나게 됩니다.

⑤ 그날 해야 할 사경을 마쳤으면 다시 스스로가 만든 '아미타경 사경 발원문'을 세 번 읽고 3배를 드린 다음 사홍서원을 하고, '아미타부처님이시여, 감사합니다. 감사합니다. 감사합니다'를 염하며 끝을 맺습니다.

· 사경 기간 및 횟수
① 이 사경집은 아미타경을 일곱 번 쓸 수 있도록 엮었습니다. 만약 아주 간략한 소원이라면 일곱 번의 사경으로도 족하겠지만, 부모님께서 돌아가셨거나 꼭 이루고 싶은 특별한 소원이 있다면 49재를 통하여 천도를 시켜 주듯이, 아미타경을 49번 사경하는 것도 매우 바람직합니다.
하여, 아미타경 전체를 49번 사경하는 것을 감히 권하여 봅니다.

② 인쇄한 글씨 위에 억지로 덧입히며 쓰지 않고 자기 필체로 쓰게 되면 한 페이지에 보통 5분~7분 정도 걸립니다. 하루 만에 한 편을 다 쓴다면 60~90분이 소요됩니다. 이렇게 매일 1편씩을 쓰면 7일만에 한 책을, 49일만에 7책을 쓸 수 있습니다.
만약 기도할 시간이 넉넉하지 않아 30~40분 정도에서 끝마치고자 한다면 하루에 7페이지 정도를 써서 2주만에 한 책을 사경하는 것도 한 방법입니다. 이 경우 사경기도 전체는 하루 1시간 정도면 충분하며, 이렇게 아미타경을 7책을 쓰면 총 100일에 맞출 수 있습니다. 곧 100일기도가 되는 것입니다.
각자의 원력과 형편에 맞추어 적당히 나누어 쓰도록 하십시오. 단 부처님과의 약속이니 지킬 수 있을 만큼 나누되, 너무 쉬운 쪽만은 택하지 않기를 바랍니다.

③ 매일 쓰다가 부득이한 일이 발생하여 못 쓰게 될 경우가 있습니다. 그때는 꼭 부처님께 못 쓰게 된 사정을 고하여 마음속으로 '다음 날 또는 사경 기간을 하루 더 연장하여 반드시 쓰겠다' 고 약속하면 됩니다.

④ 그리고 계획한 대로 사경기도를 끝낸 다음에도 특별한 날에 가끔씩 아미타경을 독송하면 매우 좋습니다.

      여법히 잘 사경하시기를 두 손 모아 축원드립니다.
      나무아미타불 나무아미타불 나무아미타불
      나무불설아미타경 나무불설아미타경 나무불설아미타경

## 아미타경 사경 발원문

## 개법장진언
## 開法藏眞言

## 옴 아라남 아라다 (3번)

## 나무 불설 아미타경 (3번)

# 아미타경
## 阿彌陀經

이와 같이 나는 들었다.

어느 때 부처님께서는 사위국(舍衛國) 기수급고독원(祇樹給孤獨園)에서 천이백오십인의 비구들과 함께 계시었다. 그들은 모두가 널리 알려져 있는 대(大)아라한(阿羅漢)으로, 장로 사리불 마하목건련 마하가섭 마하가전연 마하구치라 리바다 주리반타가 난타 아난타 라후라 교범바제 빈두로파라타 가류타이 마하겁빈나 박구라 아누루타 존자 등과 같은 큰 제자들이었다.

또한 보살마하살인 문수사리법왕자와 아일다보살〔미륵보살〕 건타하제보살〔香象菩薩(향상보살)〕 상정

진보살 등의 대보살들과 석제환인[釋提桓因][제석천] 등 수많은 천인들이 함께하였다.

그때 부처님께서 장로 사리불에게 이르셨다.
여기에서 서쪽으로 십만억 국토를 지난 곳에 한 세계가 있으니 이름이 극락이요, 거기에 부처님이 계시니 호가 아미타이며, 지금도 법을 설하고 계시느니라.

사리불아, 저 세계를 왜 극락이라고 하는 줄 아느냐? 저 세계에 있는 중생들은 어떠한 괴로움도 없이 즐거움만을 누리므로 극락이라 하느니라.

또 사리불아, 극락세계는 일곱 겹으로 된 난간[七重欄楯][칠중난순]과 일곱 겹의 그물[七重羅網][칠중나망]과 일곱 겹의 가로수[七重行樹][칠중항수]가 있는데, 이들 모두가 금 은 등의 네 가지 보배로 아름답게

장식되어 있으므로 저 세계를 극락이라 하느니라.

또 사리불아, 극락세계에는 칠보로 된 연못[七寶池]이 있고, 그 연못에는 여덟 가지 공덕을 갖춘 물[八功德水]이 가득하며, 연못의 바닥에는 순금으로 된 모래가 깔려 있느니라.

연못 둘레에는 금 은 유리 수정 등의 보배로 이루어진 네 개의 계단이 있고, 그 위에 금 은 유리 수정 적진주 마노 등으로 찬란하게 꾸민 누각이 있느니라.

연못 가운데에는 큰 수레바퀴만 한 연꽃들이 피어 있는데, 푸른 꽃에서는 푸른 광채, 노란 꽃에서는 노란 광채, 붉은 꽃에서는 붉은 광채, 흰 꽃에서는 흰 광채가 나되 이를 데 없이 향기롭고 맑기가 그지없느니라.

사리불아, 극락세계는 이와 같은 공덕장(功德莊)

엄(嚴)들로 이루어져 있느니라.

　또 사리불아, 저 불국토에는 늘 천상의 음악이 울려 퍼지고, 대지는 황금으로 이루어졌으며, 하루에 여섯 차례 천상의 만다라 꽃비가 내리는데, 극락세계의 중생들은 이른 아침마다 각자의 바구니에 온갖 묘한 꽃들을 담아 타방세계(他方世界)에 계시는 십만억 부처님께 공양을 올리고, 본국으로 돌아와 식사를 마친다음 즐거이 산책을 하느니라.
　사리불아, 극락세계는 이와 같은 공덕장엄들로 이루어져 있느니라.

　또한 사리불아, 극락세계에는 가지가지 기이하고 묘한 빛깔을 가진 백학 공작 앵무새 사리새 가릉빈가 공명조 등이 하루에 여섯 차례 화창하면서도 우아한 소리로 노

래를 하는데, 그 노래에서 오근 오력 칠보리분 팔정도〔五根 五力 七菩提分 八正道〕 등의 법문이 흘러나오느니라.

극락세계 중생들은 그 노래 소리를 들으며 부처님을 생각하고〔念佛〕 법을 생각하고〔念法〕 불제자를 생각하느니라〔念僧〕.

사리불아, 그대는 이 새들이 죄업의 과보로 생겨난 것이라고 생각하지 말라. 왜냐하면 저 불국토에는 삼악도〔三惡道: 지옥·아귀·축생〕가 없기 때문이니라.

사리불아, 그 곳은 '악도〔惡道〕'라는 말조차 없는 세계이거늘 어찌 죄업의 과보가 있겠느냐.

이 새들은 아미타불께서 법음〔法音〕을 펴기 위해 화현〔化現〕으로 만든 것이니라.

사리불아, 저 불국토에서는 미세한 바람만 불어도 보석으로 장식된 가로수와 그물에서 마치 백천 가지 악기로 합주를 하는 것과 같은 아름다운 음악소리가 울려 나오

나니, 그 소리를 듣는 이들은 저절로 부처님을 생각하고 법을 생각하고 불제자를 생각하는 마음이 생겨나느니라.

　사리불아, 저 불국토는 이와 같은 공덕장엄들로 이루어져 있느니라.

　사리불아, 어찌하여 저 부처님이 '아미타불'이라 불리게 되었다고 생각하느냐?
　사리불아, 저 부처님의 광명이 한량이 없어서 시방의 모든 세계를 비추되 조그마한 장애도 없으므로 '아미타〔無量光〕'라고 부르게 되었느니라.
　또 사리불아, 저 부처님과 극락세계 중생들의 수명이 가없는 아승지겁이기 때문에 '아미타〔無量壽〕'라고 이름하게 된 것이니라.
　사리불아, 아미타불은 성불을 하신 지가 이미 십겁〔十劫〕이 되었느니라.

또 사리불아, 저 부처님께는 한량없고 가이없는 성문(聲聞) 제자들이 있는데, 모두가 아라한으로 어떠한 셈법으로도 다 셀 수가 없으며, 보살 대중의 무리 또한 이와 같이 많으니라.

사리불아, 극락세계는 이와 같은 공덕장엄들로 이루어져 있느니라.

또 사리불아, 극락세계의 중생들은 누구나 보리심이 결코 후퇴하지 않는 불퇴전(不退轉)의 자리에 올라 있으며, 한 생 뒤에 부처가 될 일생보처보살(一生補處菩薩)도 많이 있나니, 그 수를 어떠한 셈법으로도 다 셀 수 없기 때문에 '한량없고 가없는 아승지(阿僧祇)'라고 표현하느니라.

사리불아, 중생들은 마땅히 저 극락세계에 태어나기를 발원해야 하나니, 무슨 까닭인가? 그곳에 가면 가장 훌륭하고 착한 이

들과 한데 모여 살 수 있기 때문이니라.

사리불아, 조그마한 선근(善根)이나 복덕(福德)의 인연으로는 극락세계에 태어날 수 없느니라.

사리불아, 만일 선남자 선여인이 아미타불의 이름을 듣고 하루 이틀이나 사흘 나흘이나 닷새 엿새 이레 동안 산란함 없이 일심으로 아미타불의 이름을 외우면, 그 사람이 목숨을 마칠 때에 아미타불이 여러 성중(聖衆)들과 함께 그의 앞에 모습을 나타내시므로, 그 사람은 임종 시에 조그마한 흔들림 없이 곧바로 아미타불의 극락세계에 왕생하게 되느니라.

사리불아, 내가 이러한 이익을 분명히 보고 있기 때문에 이와 같은 말을 하는 것이니, 어떠한 중생이든 이 말을 듣는 이는 마땅히 극락세계에 태어나기를 발원할지니라.

사리불아, 내가 지금 아미타불의 불가사의한 공덕과 이익을 찬탄한 것처럼, 동방세계에 계시는 아촉비불 수미상불 대수미불 수미광불 묘음불 등 항하(恒河)의 모래알 수만큼 많은 부처님들 또한 각기 그 국토에서 삼천대천세계를 두루 덮는 크고 성실한 음성으로 설하시기를, "너희 중생들아, 마땅히 불가사의한 공덕을 찬탄하며 모든 부처님께서 호념(護念)하시는 이 경을 믿으라."고 하시느니라.

사리불아, 남방세계에 계시는 일월등불 명문광불 대염견불 수미등불 무량정진불 등 항하의 모래알 수만큼 많은 부처님들 또한 각기 그 국토에서 삼천대천세계를 두루 덮는 크고 성실한 음성으로 설하시기를, "너희 중생들아, 마땅히 불가사의한 공덕을

찬탄하며 모든 부처님께서 호념하시는 이 경을 믿으라."고 하시느니라.

사리불아, 서방세계에 계시는 무량수불 무량상불 무량당불 대광불 대명불 보상불 정광불 등 항하의 모래알 수만큼 많은 부처님들 또한 각기 그 국토에서 삼천대천세계를 두루 덮는 크고 성실한 음성으로 설하시기를, "너희 중생들아, 마땅히 불가사의한 공덕을 찬탄하며 모든 부처님께서 호념하시는 이 경을 믿으라."고 하시느니라.

사리불아, 북방세계에 계시는 염견불 최승음불 난저불 일생불 망명불 등 항하의 모래알 수만큼 많은 부처님들 또한 각기 그 국토에서 삼천대천세계를 두루 덮는 크고 성실한 음성으로 설하시기를, "너희 중

생들아, 마땅히 불가사의한 공덕을 찬탄하며 모든 부처님께서 호념하시는 이 경을 믿으라."고 하시느니라.

사리불아, 하방세계(下方世界)에 계시는 사자불 명문불 명광불 달마불 법당불 지법불 등 항하의 모래알 수만큼 많은 부처님들 또한 각기 그 국토에서 삼천대천세계를 두루 덮는 크고 성실한 음성으로 설하시기를, "너희 중생들아, 마땅히 불가사의한 공덕을 찬탄하며 모든 부처님께서 호념하시는 이 경을 믿으라."고 하시느니라.

사리불아, 상방세계(上方世界)에 계시는 범음불 숙왕불 향상불 향광불 대염견불 잡색보화엄신불 사라수왕불 보화덕불 견일체의불 여수미산불 등 항하의 모래알 수만큼 많은

부처님들 또한 각기 그 국토에서 삼천대천 세계를 두루 덮는 크고 성실한 음성으로 설하시기를, "너희 중생들아, 마땅히 불가사의한 공덕을 찬탄하며 모든 부처님께서 호념하시는 이 경을 믿으라."고 하시느니라.

사리불아, 그대는 모든 부처님께서 이 경을 호념하시는 까닭이 무엇이라고 생각하느냐?

사리불아, 만약 이 경을 듣고 받아 지니거나 아미타불의 이름을 듣고 잊지 않는 선남자 선여인은 모든 부처님의 호념하심을 받아 가장 높고 바른 깨달음〔아뇩다라삼먁삼보리〕에서 물러나지 않게 되기 때문이니라.

그러므로 사리불아, 너희는 마땅히 나의 말과 모든 부처님의 말씀을 잘 믿고 받아 지닐지어다.

사리불아, 어떤 사람이 아미타불의 국토에 태어나기를 이미 발원하였거나 지금 발원하거나 장차 발원하게 되면, 그들 모두는 후퇴함이 없이 가장 높고 바른 깨달음을 향하여 나아가게 되며, 저 극락세계에 벌써 태어났거나 지금 태어나거나 장차 태어나게 되느니라.

그러므로 사리불아, 신심이 있는 선남자 선여인 등은 마땅히 저 극락세계에 태어나기를 발원해야 하느니라.

사리불아, 내가 지금 여러 부처님의 불가사의한 공덕을 찬탄하는 것과 같이 저 모든 부처님들 또한 나의 불가사의한 공덕을 칭찬하시느니라.

"석가모니불께서 심히 어렵고 드문 일을 하시나니, 시대가 탁하고[劫濁] 견해가 탁하

고[見濁] 번뇌가 탁하고[煩惱濁] 중생이 탁하고[衆生濁] 생명이 탁한[命濁] 오탁악세(五濁惡世)의 사바세계에서 능히 가장 높고 바른 깨달음을 얻으신 다음, 모든 중생을 위하여 일체 세간이 믿기 어려운 이 법을 설한다."고.

사리불아, 마땅히 알아라. 여래가 오탁악세에서 어려운 일을 행하여 가장 높고 바른 깨달음을 얻어서, 일체 세간을 위해 믿기 어려운 법을 설하는 것은 결코 쉬운 일이 아니니라.

부처님께서 이 경을 설하여 마치자 사리불과 여러 비구들, 일체 세간의 천인과 사람과 아수라 등이 부처님의 설법을 듣고는 믿고 받들고 환희하면서 예배를 하고 물러갔다.

# 아미타경
## 阿彌陀經

 이와 같이 나는 들었다.
 어느 때 부처님께서는 사위국(舍衛國) 기수급고독원(祇樹給孤獨園)에서 천이백오십인의 비구들과 함께 계시었다. 그들은 모두가 널리 알려져 있는 대아라한(大阿羅漢)으로, 장로 사리불 마하목건련 마하가섭 마하가전연 마하구치라 리바다 주리반타가 난타 아난타 라후라 교범바제 빈두로파라타 가류타이 마하겁빈나 박구라 아누루타 존자 등과 같은 큰 제자들이었다.
 또한 보살마하살인 문수사리법왕자와 아일다보살〔미륵보살〕 건타하제보살〔香象菩薩 향상보살〕 상정

불기25  년  월  일  회 사경 시작

진보살 등의 대보살들과 석제환인[제석천](釋提桓因) 등 수많은 천인들이 함께하였다.

그때 부처님께서 장로 사리불에게 이르셨다.
여기에서 서쪽으로 십만억 국토를 지난 곳에 한 세계가 있으니 이름이 극락이요, 거기에 부처님이 계시니 호가 아미타이며, 지금도 법을 설하고 계시느니라.

사리불아, 저 세계를 왜 극락이라고 하는 줄 아느냐? 저 세계에 있는 중생들은 어떠한 괴로움도 없이 즐거움만을 누리므로 극락이라 하느니라.
또 사리불아, 극락세계는 일곱 겹으로 된 난간[七重欄楯] 과 일곱 겹의 그물[七重羅網] 과 일곱 겹의 가로수[七重行樹] 가 있는데, 이들 모두가 금 은 등의 네 가지 보배로 아름답게

장식되어 있으므로 저 세계를 극락이라 하느니라.

또 사리불아, 극락세계에는 칠보로 된 연못[七寶池]이 있고, 그 연못에는 여덟 가지 공덕을 갖춘 물[八功德水]이 가득하며, 연못의 바닥에는 순금으로 된 모래가 깔려 있느니라.

연못 둘레에는 금 은 유리 수정 등의 보배로 이루어진 네 개의 계단이 있고, 그 위에 금 은 유리 수정 적진주 마노 등으로 찬란하게 꾸민 누각이 있느니라.

연못 가운데에는 큰 수레바퀴만 한 연꽃들이 피어 있는데, 푸른 꽃에서는 푸른 광채, 노란 꽃에서는 노란 광채, 붉은 꽃에서는 붉은 광채, 흰 꽃에서는 흰 광채가 나되 이를 데 없이 향기롭고 맑기가 그지없느니라.

사리불아, 극락세계는 이와 같은 공덕장[功德莊]

엄(嚴)들로 이루어져 있느니라.


  또 사리불아, 저 불국토에는 늘 천상의 음악이 울려 퍼지고, 대지는 황금으로 이루어졌으며, 하루에 여섯 차례 천상의 만다라 꽃비가 내리는데, 극락세계의 중생들은 이른 아침마다 각자의 바구니에 온갖 묘한 꽃들을 담아 타방세계(他方世界)에 계시는 십만억 부처님께 공양을 올리고, 본국으로 돌아와 식사를 마친다음 즐거이 산책을 하느니라.

  사리불아, 극락세계는 이와 같은 공덕장엄들로 이루어져 있느니라.


  또한 사리불아, 극락세계에는 가지가지 기이하고 묘한 빛깔을 가진 백학 공작 앵무새 사리새 가릉빈가 공명조 등이 하루에 여섯 차례 화창하면서도 우아한 소리로 노

래를 하는데, 그 노래에서 오근(五根) 오력(五力) 칠보리분(七菩提分) 팔정도(八正道) 등의 법문이 흘러나오느니라.

극락세계 중생들은 그 노래 소리를 들으며 부처님을 생각하고[念佛] 법을 생각하고[念法] 불제자를 생각하느니라[念僧].

사리불아, 그대는 이 새들이 죄업의 과보로 생겨난 것이라고 생각하지 말라. 왜냐하면 저 불국토에는 삼악도(三惡道)(지옥·아귀·축생)가 없기 때문이니라.

사리불아, 그 곳은 '악도(惡道)'라는 말조차 없는 세계이거늘 어찌 죄업의 과보가 있겠느냐.

이 새들은 아미타불께서 법음(法音)을 펴기 위해 화현(化現)으로 만든 것이니라.

사리불아, 저 불국토에서는 미세한 바람만 불어도 보석으로 장식된 가로수와 그물에서 마치 백천 가지 악기로 합주를 하는 것과 같은 아름다운 음악소리가 울려 나오

나니, 그 소리를 듣는 이들은 저절로 부처님을 생각하고 법을 생각하고 불제자를 생각하는 마음이 생겨나느니라.

　사리불아, 저 불국토는 이와 같은 공덕장엄들로 이루어져 있느니라.


　사리불아, 어찌하여 저 부처님이 '아미타불'이라 불리게 되었다고 생각하느냐?

　사리불아, 저 부처님의 광명이 한량이 없어서 시방의 모든 세계를 비추되 조그마한 장애도 없으므로 '아미타〔無量光〕'라고 부르게 되었느니라.

　또 사리불아, 저 부처님과 극락세계 중생들의 수명이 가없는 아승지겁이기 때문에 '아미타〔無量壽〕'라고 이름하게 된 것이니라.

　사리불아, 아미타불은 성불을 하신 지가 이미 십겁(十劫)이 되었느니라.

또 사리불아, 저 부처님께는 한량없고 가이없는 성문(聲聞) 제자들이 있는데, 모두가 아라한으로 어떠한 셈법으로도 다 셀 수가 없으며, 보살 대중의 무리 또한 이와 같이 많으니라.

사리불아, 극락세계는 이와 같은 공덕장엄들로 이루어져 있느니라.

또 사리불아, 극락세계의 중생들은 누구나 보리심이 결코 후퇴하지 않는 불퇴전(不退轉)의 자리에 올라 있으며, 한 생 뒤에 부처가 될 일생보처보살(一生補處菩薩)도 많이 있나니, 그 수를 어떠한 셈법으로도 다 셀 수 없기 때문에 '한량없고 가없는 아승지(阿僧祇)'라고 표현하느니라.

사리불아, 중생들은 마땅히 저 극락세계에 태어나기를 발원해야 하나니, 무슨 까닭인가? 그곳에 가면 가장 훌륭하고 착한 이

들과 한데 모여 살 수 있기 때문이니라.

사리불아, 조그마한 선근(善根)이나 복덕(福德)의 인연으로는 극락세계에 태어날 수 없느니라.

사리불아, 만일 선남자 선여인이 아미타불의 이름을 듣고 하루 이틀이나 사흘 나흘이나 닷새 엿새 이레 동안 산란함 없이 일심으로 아미타불의 이름을 외우면, 그 사람이 목숨을 마칠 때에 아미타불이 여러 성중(聖衆)들과 함께 그의 앞에 모습을 나타내시므로, 그 사람은 임종 시에 조그마한 흔들림 없이 곧바로 아미타불의 극락세계에 왕생하게 되느니라.

사리불아, 내가 이러한 이익을 분명히 보고 있기 때문에 이와 같은 말을 하는 것이니, 어떠한 중생이든 이 말을 듣는 이는 마땅히 극락세계에 태어나기를 발원할지니라.

사리불아, 내가 지금 아미타불의 불가사의한 공덕과 이익을 찬탄한 것처럼, 동방세계에 계시는 아촉비불 수미상불 대수미불 수미광불 묘음불 등 항하(恒河)의 모래알 수만큼 많은 부처님들 또한 각기 그 국토에서 삼천대천세계를 두루 덮는 크고 성실한 음성으로 설하시기를, "너희 중생들아, 마땅히 불가사의한 공덕을 찬탄하며 모든 부처님께서 호념(護念)하시는 이 경을 믿으라."고 하시느니라.

사리불아, 남방세계에 계시는 일월등불 명문광불 대염견불 수미등불 무량정진불 등 항하의 모래알 수만큼 많은 부처님들 또한 각기 그 국토에서 삼천대천세계를 두루 덮는 크고 성실한 음성으로 설하시기를, "너희 중생들아, 마땅히 불가사의한 공덕을

찬탄하며 모든 부처님께서 호념하시는 이 경을 믿으라."고 하시느니라.

사리불아, 서방세계에 계시는 무량수불 무량상불 무량당불 대광불 대명불 보상불 정광불 등 항하의 모래알 수만큼 많은 부처님들 또한 각기 그 국토에서 삼천대천세계를 두루 덮는 크고 성실한 음성으로 설하시기를, "너희 중생들아, 마땅히 불가사의한 공덕을 찬탄하며 모든 부처님께서 호념하시는 이 경을 믿으라."고 하시느니라.

사리불아, 북방세계에 계시는 염견불 최승음불 난저불 일생불 망명불 등 항하의 모래알 수만큼 많은 부처님들 또한 각기 그 국토에서 삼천대천세계를 두루 덮는 크고 성실한 음성으로 설하시기를, "너희 중

생들아, 마땅히 불가사의한 공덕을 찬탄하며 모든 부처님께서 호념하시는 이 경을 믿으라."고 하시느니라.

사리불아, 하방세계(下方世界)에 계시는 사자불 명문불 명광불 달마불 법당불 지법불 등 항하의 모래알 수만큼 많은 부처님들 또한 각기 그 국토에서 삼천대천세계를 두루 덮는 크고 성실한 음성으로 설하시기를, "너희 중생들아, 마땅히 불가사의한 공덕을 찬탄하며 모든 부처님께서 호념하시는 이 경을 믿으라."고 하시느니라.

사리불아, 상방세계(上方世界)에 계시는 법음불 숙왕불 향상불 향광불 대염견불 잡색보화엄신불 사라수왕불 보화덕불 견일체의불 여수미산불 등 항하의 모래알 수만큼 많은

부처님들 또한 각기 그 국토에서 삼천대천 세계를 두루 덮는 크고 성실한 음성으로 설하시기를, "너희 중생들아, 마땅히 불가사의한 공덕을 찬탄하며 모든 부처님께서 호념하시는 이 경을 믿으라."고 하시느니라.

사리불아, 그대는 모든 부처님께서 이 경을 호념하시는 까닭이 무엇이라고 생각하느냐?

사리불아, 만약 이 경을 듣고 받아 지니거나 아미타불의 이름을 듣고 잊지 않는 선남자 선여인은 모든 부처님의 호념하심을 받아 가장 높고 바른 깨달음〔아뇩다라삼먁삼보리〕에서 물러나지 않게 되기 때문이니라.

그러므로 사리불아, 너희는 마땅히 나의 말과 모든 부처님의 말씀을 잘 믿고 받아 지닐지어다.

사리불아, 어떤 사람이 아미타불의 국토에 태어나기를 이미 발원하였거나 지금 발원하거나 장차 발원하게 되면, 그들 모두는 후퇴함이 없이 가장 높고 바른 깨달음을 향하여 나아가게 되며, 저 극락세계에 벌써 태어났거나 지금 태어나거나 장차 태어나게 되느니라.

그러므로 사리불아, 신심이 있는 선남자 선여인 등은 마땅히 저 극락세계에 태어나기를 발원해야 하느니라.

사리불아, 내가 지금 여러 부처님의 불가사의한 공덕을 찬탄하는 것과 같이 저 모든 부처님들 또한 나의 불가사의한 공덕을 칭찬하시느니라.

"석가모니불께서 심히 어렵고 드문 일을 하시나니, 시대가 탁하고[劫濁] 견해가 탁하

고〔見濁〕 번뇌가 탁하고〔煩惱濁〕 중생이 탁하고〔衆生濁〕 생명이 탁한〔命濁〕 오탁악세[五濁惡世]의 사바세계에서 능히 가장 높고 바른 깨달음을 얻으신 다음, 모든 중생을 위하여 일체 세간이 믿기 어려운 이 법을 설한다."고.

사리불아, 마땅히 알아라. 여래가 오탁악세에서 어려운 일을 행하여 가장 높고 바른 깨달음을 얻어서, 일체 세간을 위해 믿기 어려운 법을 설하는 것은 결코 쉬운 일이 아니니라.

부처님께서 이 경을 설하여 마치자 사리불과 여러 비구들, 일체 세간의 천인과 사람과 아수라 등이 부처님의 설법을 듣고는 믿고 받들고 환희하면서 예배를 하고 물러갔다.

# 아미타경
## 阿彌陀經

이와 같이 나는 들었다.

어느 때 부처님께서는 사위국(舍衛國) 기수급고독원(祇樹給孤獨園)에서 천이백오십인의 비구들과 함께 계시었다. 그들은 모두가 널리 알려져 있는 대(大)아라한(阿羅漢)으로, 장로 사리불 마하목건련 마하가섭 마하가전연 마하구치라 리바다 주리반타가 난타 아난타 라후라 교범바제 빈두로파라타 가류타이 마하겁빈나 박구라 아누루타 존자 등과 같은 큰 제자들이었다.

또한 보살마하살인 문수사리법왕자와 아일다보살[미륵보살] 건타하제보살[香象菩薩 향상보살] 상정

진보살 등의 대보살들과 석제환인(釋提桓因)〔제석천〕 등 수많은 천인들이 함께하였다.

그때 부처님께서 장로 사리불에게 이르셨다.
여기에서 서쪽으로 십만억 국토를 지난 곳에 한 세계가 있으니 이름이 극락이요, 거기에 부처님이 계시니 호가 아미타이며, 지금도 법을 설하고 계시느니라.

사리불아, 저 세계를 왜 극락이라고 하는 줄 아느냐? 저 세계에 있는 중생들은 어떠한 괴로움도 없이 즐거움만을 누리므로 극락이라 하느니라.
또 사리불아, 극락세계는 일곱 겹으로 된 난간〔七重欄楯〕과 일곱 겹의 그물〔七重羅網〕과 일곱 겹의 가로수〔七重行樹〕가 있는데, 이들 모두가 금 은 등의 네 가지 보배로 아름답게

장식되어 있으므로 저 세계를 극락이라 하느니라.

또 사리불아, 극락세계에는 칠보로 된 연못[七寶池]이 있고, 그 연못에는 여덟 가지 공덕을 갖춘 물[八功德水]이 가득하며, 연못의 바닥에는 순금으로 된 모래가 깔려 있느니라.

연못 둘레에는 금 은 유리 수정 등의 보배로 이루어진 네 개의 계단이 있고, 그 위에 금 은 유리 수정 적진주 마노 등으로 찬란하게 꾸민 누각이 있느니라.

연못 가운데에는 큰 수레바퀴만 한 연꽃들이 피어 있는데, 푸른 꽃에서는 푸른 광채, 노란 꽃에서는 노란 광채, 붉은 꽃에서는 붉은 광채, 흰 꽃에서는 흰 광채가 나되 이를 데 없이 향기롭고 맑기가 그지없느니라.

사리불아, 극락세계는 이와 같은 공덕장[功德莊

엄(嚴)들로 이루어져 있느니라.

또 사리불아, 저 불국토에는 늘 천상의 음악이 울려 퍼지고, 대지는 황금으로 이루어졌으며, 하루에 여섯 차례 천상의 만다라 꽃비가 내리는데, 극락세계의 중생들은 이른 아침마다 각자의 바구니에 온갖 묘한 꽃들을 담아 타방세계(他方世界)에 계시는 십만억 부처님께 공양을 올리고, 본국으로 돌아와 식사를 마친다음 즐거이 산책을 하느니라.

사리불아, 극락세계는 이와 같은 공덕장엄들로 이루어져 있느니라.

또한 사리불아, 극락세계에는 가지가지 기이하고 묘한 빛깔을 가진 백학 공작 앵무새 사리새 가릉빈가 공명조 등이 하루에 여섯 차례 화창하면서도 우아한 소리로 노

래를 하는데, 그 노래에서 오근(五根) 오력(五力) 칠보리분(七菩提分) 팔정도(八正道) 등의 법문이 흘러나오느니라.

극락세계 중생들은 그 노래 소리를 들으며 부처님을 생각하고[念佛] 법을 생각하고[念法] 불제자를 생각하느니라[念僧].

사리불아, 그대는 이 새들이 죄업의 과보로 생겨난 것이라고 생각하지 말라. 왜냐하면 저 불국토에는 삼악도(三惡道)(지옥·아귀·축생)가 없기 때문이니라.

사리불아, 그 곳은 '악도(惡道)'라는 말조차 없는 세계이거늘 어찌 죄업의 과보가 있겠느냐.

이 새들은 아미타불께서 법음(法音)을 펴기 위해 화현(化現)으로 만든 것이니라.

사리불아, 저 불국토에서는 미세한 바람만 불어도 보석으로 장식된 가로수와 그물에서 마치 백천 가지 악기로 합주를 하는 것과 같은 아름다운 음악소리가 울려 나오

나니, 그 소리를 듣는 이들은 저절로 부처님을 생각하고 법을 생각하고 불제자를 생각하는 마음이 생겨나느니라.

사리불아, 저 불국토는 이와 같은 공덕장엄들로 이루어져 있느니라.

사리불아, 어찌하여 저 부처님이 '아미타불'이라 불리게 되었다고 생각하느냐?

사리불아, 저 부처님의 광명이 한량이 없어서 시방의 모든 세계를 비추되 조그마한 장애도 없으므로 '아미타〔無量光〕'라고 부르게 되었느니라.

또 사리불아, 저 부처님과 극락세계 중생들의 수명이 가없는 아승지겁이기 때문에 '아미타〔無量壽〕'라고 이름하게 된 것이니라.

사리불아, 아미타불은 성불을 하신 지가 이미 십겁〔十劫〕이 되었느니라.

또 사리불아, 저 부처님께는 한량없고 가이없는 성문(聲聞) 제자들이 있는데, 모두가 아라한으로 어떠한 셈법으로도 다 셀 수가 없으며, 보살 대중의 무리 또한 이와 같이 많으니라.

　사리불아, 극락세계는 이와 같은 공덕장엄들로 이루어져 있느니라.

　또 사리불아, 극락세계의 중생들은 누구나 보리심이 결코 후퇴하지 않는 불퇴전(不退轉)의 자리에 올라 있으며, 한 생 뒤에 부처가 될 일생보처보살(一生補處菩薩)도 많이 있나니, 그 수를 어떠한 셈법으로도 다 셀 수 없기 때문에 '한량없고 가없는 아승지(阿僧祇)'라고 표현하느니라.

　사리불아, 중생들은 마땅히 저 극락세계에 태어나기를 발원해야 하나니, 무슨 까닭인가? 그곳에 가면 가장 훌륭하고 착한 이

들과 한데 모여 살 수 있기 때문이니라.

　사리불아, 조그마한 선근(善根)이나 복덕(福德)의 인연으로는 극락세계에 태어날 수 없느니라.

　사리불아, 만일 선남자 선여인이 아미타불의 이름을 듣고 하루 이틀이나 사흘 나흘이나 닷새 엿새 이레 동안 산란함 없이 일심으로 아미타불의 이름을 외우면, 그 사람이 목숨을 마칠 때에 아미타불이 여러 성중(聖衆)들과 함께 그의 앞에 모습을 나타내시므로, 그 사람은 임종 시에 조그마한 흔들림 없이 곧바로 아미타불의 극락세계에 왕생하게 되느니라.

　사리불아, 내가 이러한 이익을 분명히 보고 있기 때문에 이와 같은 말을 하는 것이니, 어떠한 중생이든 이 말을 듣는 이는 마땅히 극락세계에 태어나기를 발원할지니라.

사리불아, 내가 지금 아미타불의 불가사의한 공덕과 이익을 찬탄한 것처럼, 동방세계에 계시는 아촉비불 수미상불 대수미불 수미광불 묘음불 등 항하(恒河)의 모래알 수만큼 많은 부처님들 또한 각기 그 국토에서 삼천대천세계를 두루 덮는 크고 성실한 음성으로 설하시기를, "너희 중생들아, 마땅히 불가사의한 공덕을 찬탄하며 모든 부처님께서 호념(護念)하시는 이 경을 믿으라."고 하시느니라.

사리불아, 남방세계에 계시는 일월등불 명문광불 대염견불 수미등불 무량정진불 등 항하의 모래알 수만큼 많은 부처님들 또한 각기 그 국토에서 삼천대천세계를 두루 덮는 크고 성실한 음성으로 설하시기를, "너희 중생들아, 마땅히 불가사의한 공덕을

찬탄하며 모든 부처님께서 호념하시는 이 경을 믿으라."고 하시느니라.

사리불아, 서방세계에 계시는 무량수불 무량상불 무량당불 대광불 대명불 보상불 정광불 등 항하의 모래알 수만큼 많은 부처님들 또한 각기 그 국토에서 삼천대천세계를 두루 덮는 크고 성실한 음성으로 설하시기를, "너희 중생들아, 마땅히 불가사의한 공덕을 찬탄하며 모든 부처님께서 호념하시는 이 경을 믿으라."고 하시느니라.

사리불아, 북방세계에 계시는 염견불 최승음불 난저불 일생불 망명불 등 항하의 모래알 수만큼 많은 부처님들 또한 각기 그 국토에서 삼천대천세계를 두루 덮는 크고 성실한 음성으로 설하시기를, "너희 중

생들아, 마땅히 불가사의한 공덕을 찬탄하며 모든 부처님께서 호념하시는 이 경을 믿으라."고 하시느니라.

사리불아, 하방세계(下方世界)에 계시는 사자불 명문불 명광불 달마불 법당불 지법불 등 항하의 모래알 수만큼 많은 부처님들 또한 각기 그 국토에서 삼천대천세계를 두루 덮는 크고 성실한 음성으로 설하시기를, "너희 중생들아, 마땅히 불가사의한 공덕을 찬탄하며 모든 부처님께서 호념하시는 이 경을 믿으라."고 하시느니라.

사리불아, 상방세계(上方世界)에 계시는 범음불 숙왕불 향상불 향광불 대염견불 잡색보화엄신불 사라수왕불 보화덕불 견일체의불 여수미산불 등 항하의 모래알 수만큼 많은

부처님들 또한 각기 그 국토에서 삼천대천 세계를 두루 덮는 크고 성실한 음성으로 설하시기를, "너희 중생들아, 마땅히 불가사의한 공덕을 찬탄하며 모든 부처님께서 호념하시는 이 경을 믿으라."고 하시느니라.

사리불아, 그대는 모든 부처님께서 이 경을 호념하시는 까닭이 무엇이라고 생각하느냐?

사리불아, 만약 이 경을 듣고 받아 지니거나 아미타불의 이름을 듣고 잊지 않는 선남자 선여인은 모든 부처님의 호념하심을 받아 가장 높고 바른 깨달음〔아뇩다라삼먁삼보리〕에서 물러나지 않게 되기 때문이니라.

그러므로 사리불아, 너희는 마땅히 나의 말과 모든 부처님의 말씀을 잘 믿고 받아 지닐지어다.

사리불아, 어떤 사람이 아미타불의 국토에 태어나기를 이미 발원하였거나 지금 발원하거나 장차 발원하게 되면, 그들 모두는 후퇴함이 없이 가장 높고 바른 깨달음을 향하여 나아가게 되며, 저 극락세계에 벌써 태어났거나 지금 태어나거나 장차 태어나게 되느니라.

그러므로 사리불아, 신심이 있는 선남자 선여인 등은 마땅히 저 극락세계에 태어나기를 발원해야 하느니라.


사리불아, 내가 지금 여러 부처님의 불가사의한 공덕을 찬탄하는 것과 같이 저 모든 부처님들 또한 나의 불가사의한 공덕을 칭찬하시느니라.

"석가모니불께서 심히 어렵고 드문 일을 하시나니, 시대가 탁하고[劫濁(겁탁)] 견해가 탁하

고〔見濁〕 번뇌가 탁하고〔煩惱濁〕 중생이 탁하고
〔衆生濁〕 생명이 탁한〔命濁〕 오탁악세의 사바세
계에서 능히 가장 높고 바른 깨달음을 얻
으신 다음, 모든 중생을 위하여 일체 세간
이 믿기 어려운 이 법을 설한다."고.

사리불아, 마땅히 알아라. 여래가 오탁악
세에서 어려운 일을 행하여 가장 높고 바
른 깨달음을 얻어서, 일체 세간을 위해 믿
기 어려운 법을 설하는 것은 결코 쉬운 일이
아니니라.

부처님께서 이 경을 설하여 마치자 사리
불과 여러 비구들, 일체 세간의 천인과 사
람과 아수라 등이 부처님의 설법을 듣고는
믿고 받들고 환희하면서 예배를 하고 물러
갔다.

# 아미타경
## 阿彌陀經

이와 같이 나는 들었다.

어느 때 부처님께서는 사위국(舍衛國) 기수급고독원(祇樹給孤獨園)에서 천이백오십인의 비구들과 함께 계시었다. 그들은 모두가 널리 알려져 있는 대(大)아라한(阿羅漢)으로, 장로 사리불 마하목건련 마하가섭 마하가전연 마하구치라 리바다 주리반타가 난타 아난타 라후라 교범바제 빈두로파라타 가류타이 마하겁빈나 박구라 아누룩타 존자 등과 같은 큰 제자들이었다.

또한 보살마하살인 문수사리법왕자와 아일다보살〔미륵보살〕 건타하제보살〔香象菩薩, 향상보살〕 상정

불기25  년  월  일  회 사경 시작

진보살 등의 대보살들과 석제환인[釋提桓因][제석천] 등 수많은 천인들이 함께하였다.

그때 부처님께서 장로 사리불에게 이르셨다.
여기에서 서쪽으로 십만억 국토를 지난 곳에 한 세계가 있으니 이름이 극락이요, 거기에 부처님이 계시니 호가 아미타이며, 지금도 법을 설하고 계시느니라.

사리불아, 저 세계를 왜 극락이라고 하는 줄 아느냐? 저 세계에 있는 중생들은 어떠한 괴로움도 없이 즐거움만을 누리므로 극락이라 하느니라.
또 사리불아, 극락세계는 일곱 겹으로 된 난간[七重欄楯]과 일곱 겹의 그물[七重羅網]과 일곱 겹의 가로수[七重行樹]가 있는데, 이들 모두가 금 은 등의 네 가지 보배로 아름답게

장식되어 있으므로 저 세계를 극락이라 하느니라.

또 사리불아, 극락세계에는 칠보로 된 연못[七寶池]이 있고, 그 연못에는 여덟 가지 공덕을 갖춘 물[八功德水]이 가득하며, 연못의 바닥에는 순금으로 된 모래가 깔려 있느니라.

연못 둘레에는 금 은 유리 수정 등의 보배로 이루어진 네 개의 계단이 있고, 그 위에 금 은 유리 수정 적진주 마노 등으로 찬란하게 꾸민 누각이 있느니라.

연못 가운데에는 큰 수레바퀴만 한 연꽃들이 피어 있는데, 푸른 꽃에서는 푸른 광채, 노란 꽃에서는 노란 광채, 붉은 꽃에서는 붉은 광채, 흰 꽃에서는 흰 광채가 나되 이를 데 없이 향기롭고 맑기가 그지없느니라.

사리불아, 극락세계는 이와 같은 공덕장[功德莊]

엄(嚴)들로 이루어져 있느니라.

또 사리불아, 저 불국토에는 늘 천상의 음악이 울려 퍼지고, 대지는 황금으로 이루어졌으며, 하루에 여섯 차례 천상의 만다라 꽃비가 내리는데, 극락세계의 중생들은 이른 아침마다 각자의 바구니에 온갖 묘한 꽃들을 담아 타방세계(他方世界)에 계시는 십만억 부처님께 공양을 올리고, 본국으로 돌아와 식사를 마친다음 즐거이 산책을 하느니라.
사리불아, 극락세계는 이와 같은 공덕장엄들로 이루어져 있느니라.

또한 사리불아, 극락세계에는 가지가지 기이하고 묘한 빛깔을 가진 백학 공작 앵무새 사리새 가릉빈가 공명조 등이 하루에 여섯 차례 화창하면서도 우아한 소리로 노

래를 하는데, 그 노래에서 오근(五根) 오력(五力) 칠보리분(七菩提分) 팔정도(八正道) 등의 법문이 흘러나오느니라.

극락세계 중생들은 그 노래 소리를 들으며 부처님을 생각하고〔念佛〕 법을 생각하고〔念法〕 불제자를 생각하느니라〔念僧〕.

사리불아, 그대는 이 새들이 죄업의 과보로 생겨난 것이라고 생각하지 말라. 왜냐하면 저 불국토에는 삼악도(三惡道)(지옥·아귀·축생)가 없기 때문이니라.

사리불아, 그 곳은 '악도(惡道)'라는 말조차 없는 세계이거늘 어찌 죄업의 과보가 있겠느냐.

이 새들은 아미타불께서 법음(法音)을 펴기 위해 화현(化現)으로 만든 것이니라.

사리불아, 저 불국토에서는 미세한 바람만 불어도 보석으로 장식된 가로수와 그물에서 마치 백천 가지 악기로 합주를 하는 것과 같은 아름다운 음악소리가 울려 나오

나니, 그 소리를 듣는 이들은 저절로 부처님을 생각하고 법을 생각하고 불제자를 생각하는 마음이 생겨나느니라.

사리불아, 저 불국토는 이와 같은 공덕장엄들로 이루어져 있느니라.

사리불아, 어찌하여 저 부처님이 '아미타불'이라 불리게 되었다고 생각하느냐?

사리불아, 저 부처님의 광명이 한량이 없어서 시방의 모든 세계를 비추되 조그마한 장애도 없으므로 '아미타〔無量光〕'라고 부르게 되었느니라.

또 사리불아, 저 부처님과 극락세계 중생들의 수명이 가없는 아승지겁이기 때문에 '아미타〔無量壽〕'라고 이름하게 된 것이니라.

사리불아, 아미타불은 성불을 하신 지가 이미 십겁이 되었느니라.

또 사리불아, 저 부처님께는 한량없고 가이없는 성문(聲聞) 제자들이 있는데, 모두가 아라한으로 어떠한 셈법으로도 다 셀 수가 없으며, 보살 대중의 무리 또한 이와 같이 많으니라.

사리불아, 극락세계는 이와 같은 공덕장엄들로 이루어져 있느니라.


또 사리불아, 극락세계의 중생들은 누구나 보리심이 결코 후퇴하지 않는 불퇴전(不退轉)의 자리에 올라 있으며, 한 생 뒤에 부처가 될 일생보처보살(一生補處菩薩)도 많이 있나니, 그 수를 어떠한 셈법으로도 다 셀 수 없기 때문에 '한량없고 가없는 아승지(阿僧祇)'라고 표현하느니라.

사리불아, 중생들은 마땅히 저 극락세계에 태어나기를 발원해야 하나니, 무슨 까닭인가? 그곳에 가면 가장 훌륭하고 착한 이

들과 한데 모여 살 수 있기 때문이니라.

사리불아, 조그마한 선근(善根)이나 복덕(福德)의 인연으로는 극락세계에 태어날 수 없느니라.

사리불아, 만일 선남자 선여인이 아미타불의 이름을 듣고 하루 이틀이나 사흘 나흘이나 닷새 엿새 이레 동안 산란함 없이 일심으로 아미타불의 이름을 외우면, 그 사람이 목숨을 마칠 때에 아미타불이 여러 성중(聖衆)들과 함께 그의 앞에 모습을 나타내시므로, 그 사람은 임종 시에 조그마한 흔들림 없이 곧바로 아미타불의 극락세계에 왕생하게 되느니라.

사리불아, 내가 이러한 이익을 분명히 보고 있기 때문에 이와 같은 말을 하는 것이니, 어떠한 중생이든 이 말을 듣는 이는 마땅히 극락세계에 태어나기를 발원할지니라.

사리불아, 내가 지금 아미타불의 불가사의한 공덕과 이익을 찬탄한 것처럼, 동방세계에 계시는 아촉비불 수미상불 대수미불 수미광불 묘음불 등 항하(恒河)의 모래알 수만큼 많은 부처님들 또한 각기 그 국토에서 삼천대천세계를 두루 덮는 크고 성실한 음성으로 설하시기를, "너희 중생들아, 마땅히 불가사의한 공덕을 찬탄하며 모든 부처님께서 호념(護念)하시는 이 경을 믿으라."고 하시느니라.

사리불아, 남방세계에 계시는 일월등불 명문광불 대염견불 수미등불 무량정진불 등 항하의 모래알 수만큼 많은 부처님들 또한 각기 그 국토에서 삼천대천세계를 두루 덮는 크고 성실한 음성으로 설하시기를, "너희 중생들아, 마땅히 불가사의한 공덕을

찬탄하며 모든 부처님께서 호념하시는 이 경을 믿으라."고 하시느니라.

사리불아, 서방세계에 계시는 무량수불 무량상불 무량당불 대광불 대명불 보상불 정광불 등 항하의 모래알 수만큼 많은 부처님들 또한 각기 그 국토에서 삼천대천세계를 두루 덮는 크고 성실한 음성으로 설하시기를, "너희 중생들아, 마땅히 불가사의한 공덕을 찬탄하며 모든 부처님께서 호념하시는 이 경을 믿으라."고 하시느니라.

사리불아, 북방세계에 계시는 염견불 최승음불 난저불 일생불 망명불 등 항하의 모래알 수만큼 많은 부처님들 또한 각기 그 국토에서 삼천대천세계를 두루 덮는 크고 성실한 음성으로 설하시기를, "너희 중

생들아, 마땅히 불가사의한 공덕을 찬탄하며 모든 부처님께서 호념하시는 이 경을 믿으라."고 하시느니라.

사리불아, 하방세계(下方世界)에 계시는 사자불 명문불 명광불 달마불 법당불 지법불 등 항하의 모래알 수만큼 많은 부처님들 또한 각기 그 국토에서 삼천대천세계를 두루 덮는 크고 성실한 음성으로 설하시기를, "너희 중생들아, 마땅히 불가사의한 공덕을 찬탄하며 모든 부처님께서 호념하시는 이 경을 믿으라."고 하시느니라.

사리불아, 상방세계(上方世界)에 계시는 범음불 숙왕불 향상불 향광불 대염견불 잡색보화엄신불 사라수왕불 보화덕불 견일체의불 여수미산불 등 항하의 모래알 수만큼 많은

부처님들 또한 각기 그 국토에서 삼천대천 세계를 두루 덮는 크고 성실한 음성으로 설하시기를, "너희 중생들아, 마땅히 불가사의한 공덕을 찬탄하며 모든 부처님께서 호념하시는 이 경을 믿으라."고 하시느니라.

사리불아, 그대는 모든 부처님께서 이 경을 호념하시는 까닭이 무엇이라고 생각하느냐?

사리불아, 만약 이 경을 듣고 받아 지니거나 아미타불의 이름을 듣고 잊지 않는 선남자 선여인은 모든 부처님의 호념하심을 받아 가장 높고 바른 깨달음〔아뇩다라삼먁삼보리〕에서 물러나지 않게 되기 때문이니라.

그러므로 사리불아, 너희는 마땅히 나의 말과 모든 부처님의 말씀을 잘 믿고 받아 지닐지어다.

사리불아, 어떤 사람이 아미타불의 국토에 태어나기를 이미 발원하였거나 지금 발원하거나 장차 발원하게 되면, 그들 모두는 후퇴함이 없이 가장 높고 바른 깨달음을 향하여 나아가게 되며, 저 극락세계에 벌써 태어났거나 지금 태어나거나 장차 태어나게 되느니라.

그러므로 사리불아, 신심이 있는 선남자 선여인 등은 마땅히 저 극락세계에 태어나기를 발원해야 하느니라.

사리불아, 내가 지금 여러 부처님의 불가사의한 공덕을 찬탄하는 것과 같이 저 모든 부처님들 또한 나의 불가사의한 공덕을 칭찬하시느니라.

"석가모니불께서 심히 어렵고 드문 일을 하시나니, 시대가 탁하고[劫濁] 견해가 탁하

고[見濁] 번뇌가 탁하고[煩惱濁] 중생이 탁하고[衆生濁] 생명이 탁한[命濁] 오탁악세(五濁惡世)의 사바세계에서 능히 가장 높고 바른 깨달음을 얻으신 다음, 모든 중생을 위하여 일체 세간이 믿기 어려운 이 법을 설한다."고.

사리불아, 마땅히 알아라. 여래가 오탁악세에서 어려운 일을 행하여 가장 높고 바른 깨달음을 얻어서, 일체 세간을 위해 믿기 어려운 법을 설하는 것은 결코 쉬운 일이 아니니라.

부처님께서 이 경을 설하여 마치자 사리불과 여러 비구들, 일체 세간의 천인과 사람과 아수라 등이 부처님의 설법을 듣고는 믿고 받들고 환희하면서 예배를 하고 물러갔다.

# 아 미 타 경
## 阿彌陀經

이와 같이 나는 들었다.

어느 때 부처님께서는 사위국(舍衛國) 기수급고독원(祇樹給孤獨園)에서 천이백오십인의 비구들과 함께 계시었다. 그들은 모두가 널리 알려져 있는 대(大)아라한(阿羅漢)으로, 장로 사리불 마하목건련 마하가섭 마하가전연 마하구치라 리바다 주리반타가 난타 아난타 라후라 교범바제 빈두로파라타 가류타이 마하겁빈나 박구라 아누루타 존자 등과 같은 큰 제자들이었다.

또한 보살마하살인 문수사리법왕자와 아일다보살[미륵보살] 건타하제보살[香象菩薩(향상보살)] 상정

불기25 년 월 일 회 사경 시작

진보살 등의 대보살들과 석제환인[釋提桓因][제석천] 등 수많은 천인들이 함께하였다.

그때 부처님께서 장로 사리불에게 이르셨다.
여기에서 서쪽으로 십만억 국토를 지난 곳에 한 세계가 있으니 이름이 극락이요, 거기에 부처님이 계시니 호가 아미타이며, 지금도 법을 설하고 계시느니라.

사리불아, 저 세계를 왜 극락이라고 하는 줄 아느냐? 저 세계에 있는 중생들은 어떠한 괴로움도 없이 즐거움만을 누리므로 극락이라 하느니라.
또 사리불아, 극락세계는 일곱 겹으로 된 난간[七重欄楯][칠중난순]과 일곱 겹의 그물[七重羅網][칠중나망]과 일곱 겹의 가로수[七重行樹][칠중항수]가 있는데, 이들 모두가 금 은 등의 네 가지 보배로 아름답게

장식되어 있으므로 저 세계를 극락이라 하느니라.

또 사리불아, 극락세계에는 칠보로 된 연못[七寶池]이 있고, 그 연못에는 여덟 가지 공덕을 갖춘 물[八功德水]이 가득하며, 연못의 바닥에는 순금으로 된 모래가 깔려 있느니라.

연못 둘레에는 금 은 유리 수정 등의 보배로 이루어진 네 개의 계단이 있고, 그 위에 금 은 유리 수정 적진주 마노 등으로 찬란하게 꾸민 누각이 있느니라.

연못 가운데에는 큰 수레바퀴만 한 연꽃들이 피어 있는데, 푸른 꽃에서는 푸른 광채, 노란 꽃에서는 노란 광채, 붉은 꽃에서는 붉은 광채, 흰 꽃에서는 흰 광채가 나되 이를 데 없이 향기롭고 맑기가 그지없느니라.

사리불아, 극락세계는 이와 같은 공덕장(功德莊)

엄(嚴)들로 이루어져 있느니라.

또 사리불아, 저 불국토에는 늘 천상의 음악이 울려 퍼지고, 대지는 황금으로 이루어졌으며, 하루에 여섯 차례 천상의 만다라 꽃비가 내리는데, 극락세계의 중생들은 이른 아침마다 각자의 바구니에 온갖 묘한 꽃들을 담아 타방세계(他方世界)에 계시는 십만억 부처님께 공양을 올리고, 본국으로 돌아와 식사를 마친다음 즐거이 산책을 하느니라.
사리불아, 극락세계는 이와 같은 공덕장엄들로 이루어져 있느니라.

또한 사리불아, 극락세계에는 가지가지 기이하고 묘한 빛깔을 가진 백학 공작 앵무새 사리새 가릉빈가 공명조 등이 하루에 여섯 차례 화창하면서도 우아한 소리로 노

래를 하는데, 그 노래에서 오근(五根) 오력(五力) 칠보리분(七菩提分) 팔정도(八正道) 등의 법문이 흘러나오느니라.

극락세계 중생들은 그 노래 소리를 들으며 부처님을 생각하고[念佛] 법을 생각하고[念法] 불제자를 생각하느니라[念僧].

사리불아, 그대는 이 새들이 죄업의 과보로 생겨난 것이라고 생각하지 말라. 왜냐하면 저 불국토에는 삼악도(三惡道)(지옥·아귀·축생)가 없기 때문이니라.

사리불아, 그 곳은 '악도(惡道)'라는 말조차 없는 세계이거늘 어찌 죄업의 과보가 있겠느냐.

이 새들은 아미타불께서 법음(法音)을 펴기 위해 화현(化現)으로 만든 것이니라.

사리불아, 저 불국토에서는 미세한 바람만 불어도 보석으로 장식된 가로수와 그물에서 마치 백천 가지 악기로 합주를 하는 것과 같은 아름다운 음악소리가 울려 나오

나니, 그 소리를 듣는 이들은 저절로 부처님을 생각하고 법을 생각하고 불제자를 생각하는 마음이 생겨나느니라.

　사리불아, 저 불국토는 이와 같은 공덕장엄들로 이루어져 있느니라.

　사리불아, 어찌하여 저 부처님이 '아미타불'이라 불리게 되었다고 생각하느냐?
　사리불아, 저 부처님의 광명이 한량이 없어서 시방의 모든 세계를 비추되 조그마한 장애도 없으므로 '아미타〔無量光〕'라고 부르게 되었느니라.
　또 사리불아, 저 부처님과 극락세계 중생들의 수명이 가없는 아승지겁이기 때문에 '아미타〔無量壽〕'라고 이름하게 된 것이니라.
　사리불아, 아미타불은 성불을 하신 지가 이미 십겁〔十劫〕이 되었느니라.

또 사리불아, 저 부처님께는 한량없고 가이없는 성문(聲聞) 제자들이 있는데, 모두가 아라한으로 어떠한 셈법으로도 다 셀 수가 없으며, 보살 대중의 무리 또한 이와 같이 많으니라.

사리불아, 극락세계는 이와 같은 공덕장엄들로 이루어져 있느니라.

또 사리불아, 극락세계의 중생들은 누구나 보리심이 결코 후퇴하지 않는 불퇴전(不退轉)의 자리에 올라 있으며, 한 생 뒤에 부처가 될 일생보처보살(一生補處菩薩)도 많이 있나니, 그 수를 어떠한 셈법으로도 다 셀 수 없기 때문에 '한량없고 가이없는 아승지(阿僧祇)'라고 표현하느니라.

사리불아, 중생들은 마땅히 저 극락세계에 태어나기를 발원해야 하나니, 무슨 까닭인가? 그곳에 가면 가장 훌륭하고 착한 이

들과 한데 모여 살 수 있기 때문이니라.

사리불아, 조그마한 선근(善根)이나 복덕(福德)의 인연으로는 극락세계에 태어날 수 없느니라.

사리불아, 만일 선남자 선여인이 아미타불의 이름을 듣고 하루 이틀이나 사흘 나흘이나 닷새 엿새 이레 동안 산란함 없이 일심으로 아미타불의 이름을 외우면, 그 사람이 목숨을 마칠 때에 아미타불이 여러 성중(聖衆)들과 함께 그의 앞에 모습을 나타내시므로, 그 사람은 임종 시에 조그마한 흔들림 없이 곧바로 아미타불의 극락세계에 왕생하게 되느니라.

사리불아, 내가 이러한 이익을 분명히 보고 있기 때문에 이와 같은 말을 하는 것이니, 어떠한 중생이든 이 말을 듣는 이는 마땅히 극락세계에 태어나기를 발원할지니라.

사리불아, 내가 지금 아미타불의 불가사의한 공덕과 이익을 찬탄한 것처럼, 동방세계에 계시는 아촉비불 수미상불 대수미불 수미광불 묘음불 등 항하(恒河)의 모래알 수만큼 많은 부처님들 또한 각기 그 국토에서 삼천대천세계를 두루 덮는 크고 성실한 음성으로 설하시기를, "너희 중생들아, 마땅히 불가사의한 공덕을 찬탄하며 모든 부처님께서 호념(護念)하시는 이 경을 믿으라."고 하시느니라.

사리불아, 남방세계에 계시는 일월등불 명문광불 대염견불 수미등불 무량정진불 등 항하의 모래알 수만큼 많은 부처님들 또한 각기 그 국토에서 삼천대천세계를 두루 덮는 크고 성실한 음성으로 설하시기를, "너희 중생들아, 마땅히 불가사의한 공덕을

찬탄하며 모든 부처님께서 호념하시는 이 경을 믿으라."고 하시느니라.

　사리불아, 서방세계에 계시는 무량수불 무량상불 무량당불 대광불 대명불 보상불 정광불 등 항하의 모래알 수만큼 많은 부처님들 또한 각기 그 국토에서 삼천대천세계를 두루 덮는 크고 성실한 음성으로 설하시기를, "너희 중생들아, 마땅히 불가사의한 공덕을 찬탄하며 모든 부처님께서 호념하시는 이 경을 믿으라."고 하시느니라.

・사리불아, 북방세계에 계시는 염견불 최승음불 난저불 일생불 망명불 등 항하의 모래알 수만큼 많은 부처님들 또한 각기 그 국토에서 삼천대천세계를 두루 덮는 크고 성실한 음성으로 설하시기를, "너희 중

생들아, 마땅히 불가사의한 공덕을 찬탄하며 모든 부처님께서 호념하시는 이 경을 믿으라."고 하시느니라.

사리불아, 하방세계(下方世界)에 계시는 사자불 명문불 명광불 달마불 법당불 지법불 등 항하의 모래알 수만큼 많은 부처님들 또한 각기 그 국토에서 삼천대천세계를 두루 덮는 크고 성실한 음성으로 설하시기를, "너희 중생들아, 마땅히 불가사의한 공덕을 찬탄하며 모든 부처님께서 호념하시는 이 경을 믿으라."고 하시느니라.

사리불아, 상방세계(上方世界)에 계시는 범음불 숙왕불 향상불 향광불 대염견불 잡색보화엄신불 사라수왕불 보화덕불 견일체의불 여수미산불 등 항하의 모래알 수만큼 많은

부처님들 또한 각기 그 국토에서 삼천대천 세계를 두루 덮는 크고 성실한 음성으로 설하시기를, "너희 중생들아, 마땅히 불가사의한 공덕을 찬탄하며 모든 부처님께서 호념하시는 이 경을 믿으라."고 하시느니라.

사리불아, 그대는 모든 부처님께서 이 경을 호념하시는 까닭이 무엇이라고 생각하느냐?

사리불아, 만약 이 경을 듣고 받아 지니거나 아미타불의 이름을 듣고 잊지 않는 선남자 선여인은 모든 부처님의 호념하심을 받아 가장 높고 바른 깨달음[아뇩다라삼먁삼보리]에서 물러나지 않게 되기 때문이니라.

그러므로 사리불아, 너희는 마땅히 나의 말과 모든 부처님의 말씀을 잘 믿고 받아 지닐지어다.

사리불아, 어떤 사람이 아미타불의 국토에 태어나기를 이미 발원하였거나 지금 발원하거나 장차 발원하게 되면, 그들 모두는 후퇴함이 없이 가장 높고 바른 깨달음을 향하여 나아가게 되며, 저 극락세계에 벌써 태어났거나 지금 태어나거나 장차 태어나게 되느니라.

그러므로 사리불아, 신심이 있는 선남자 선여인 등은 마땅히 저 극락세계에 태어나기를 발원해야 하느니라.

사리불아, 내가 지금 여러 부처님의 불가사의한 공덕을 찬탄하는 것과 같이 저 모든 부처님들 또한 나의 불가사의한 공덕을 칭찬하시느니라.

"석가모니불께서 심히 어렵고 드문 일을 하시나니, 시대가 탁하고 [劫濁 겁탁] 견해가 탁하고〔見濁〕 번뇌가 탁하고〔煩惱濁〕 중생이 탁하고〔衆生濁〕 생명이 탁한〔命濁〕 오탁악세(五濁惡世)의 사바세계에서 능히 가장 높고 바른 깨달음을 얻으신 다음, 모든 중생을 위하여 일체 세간이 믿기 어려운 이 법을 설한다."고.

사리불아, 마땅히 알아라. 여래가 오탁악세에서 어려운 일을 행하여 가장 높고 바른 깨달음을 얻어서, 일체 세간을 위해 믿기 어려운 법을 설하는 것은 결코 쉬운 일이 아니니라.

부처님께서 이 경을 설하여 마치자 사리불과 여러 비구들, 일체 세간의 천인과 사람과 아수라 등이 부처님의 설법을 듣고는 믿고 받들고 환희하면서 예배를 하고 물러갔다.

# 아미타경
## 阿彌陀經

이와 같이 나는 들었다.

어느 때 부처님께서는 사위국(舍衛國) 기수급고독원(祇樹給孤獨園)에서 천이백오십인의 비구들과 함께 계시었다. 그들은 모두가 널리 알려져 있는 대아라한(大阿羅漢)으로, 장로 사리불 마하목건련 마하가섭 마하가전연 마하구치라 리바다 주리반타가 난타 아난타 라후라 교범바제 빈두로파라타 가류타이 마하겁빈나 박구라 아누루타 존자 등과 같은 큰 제자들이었다.

또한 보살마하살인 문수사리법왕자와 아일다보살〔미륵보살〕 건타하제보살〔香象菩薩 향상보살〕 상정

진보살 등의 대보살들과 석제환인[釋提桓因][제석천] 등 수많은 천인들이 함께하였다.

그때 부처님께서 장로 사리불에게 이르셨다.
 여기에서 서쪽으로 십만억 국토를 지난 곳에 한 세계가 있으니 이름이 극락이요, 거기에 부처님이 계시니 호가 아미타이며, 지금도 법을 설하고 계시느니라.

 사리불아, 저 세계를 왜 극락이라고 하는 줄 아느냐? 저 세계에 있는 중생들은 어떠한 괴로움도 없이 즐거움만을 누리므로 극락이라 하느니라.
 또 사리불아, 극락세계는 일곱 겹으로 된 난간[七重欄楯][칠중난순]과 일곱 겹의 그물[七重羅網][칠중나망]과 일곱 겹의 가로수[七重行樹][칠중항수]가 있는데, 이들 모두가 금 은 등의 네 가지 보배로 아름답게

장식되어 있으므로 저 세계를 극락이라 하느니라.

또 사리불아, 극락세계에는 칠보로 된 연못[七寶池]이 있고, 그 연못에는 여덟 가지 공덕을 갖춘 물[八功德水]이 가득하며, 연못의 바닥에는 순금으로 된 모래가 깔려 있느니라.

연못 둘레에는 금 은 유리 수정 등의 보배로 이루어진 네 개의 계단이 있고, 그 위에 금 은 유리 수정 적진주 마노 등으로 찬란하게 꾸민 누각이 있느니라.

연못 가운데에는 큰 수레바퀴만 한 연꽃들이 피어 있는데, 푸른 꽃에서는 푸른 광채, 노란 꽃에서는 노란 광채, 붉은 꽃에서는 붉은 광채, 흰 꽃에서는 흰 광채가 나되 이를 데 없이 향기롭고 맑기가 그지없느니라.

사리불아, 극락세계는 이와 같은 공덕장[功德莊]

엄(嚴)들로 이루어져 있느니라.

 또 사리불아, 저 불국토에는 늘 천상의 음악이 울려 퍼지고, 대지는 황금으로 이루어졌으며, 하루에 여섯 차례 천상의 만다라 꽃비가 내리는데, 극락세계의 중생들은 이른 아침마다 각자의 바구니에 온갖 묘한 꽃들을 담아 타방세계(他方世界)에 계시는 십만억 부처님께 공양을 올리고, 본국으로 돌아와 식사를 마친다음 즐거이 산책을 하느니라.
 사리불아, 극락세계는 이와 같은 공덕장엄들로 이루어져 있느니라.

 또한 사리불아, 극락세계에는 가지가지 기이하고 묘한 빛깔을 가진 백학 공작 앵무새 사리새 가릉빈가 공명조 등이 하루에 여섯 차례 화창하면서도 우아한 소리로 노

래를 하는데, 그 노래에서 오근(五根) 오력(五力) 칠보리분(七菩提分) 팔정도(八正道) 등의 법문이 흘러나오느니라.

극락세계 중생들은 그 노래 소리를 들으며 부처님을 생각하고[念佛] 법을 생각하고[念法] 불제자를 생각하느니라[念僧].

사리불아, 그대는 이 새들이 죄업의 과보로 생겨난 것이라고 생각하지 말라. 왜냐하면 저 불국토에는 삼악도(三惡道)(지옥·아귀·축생)가 없기 때문이니라.

사리불아, 그 곳은 '악도(惡道)'라는 말조차 없는 세계이거늘 어찌 죄업의 과보가 있겠느냐.

이 새들은 아미타불께서 법음(法音)을 펴기 위해 화현(化現)으로 만든 것이니라.

사리불아, 저 불국토에서는 미세한 바람만 불어도 보석으로 장식된 가로수와 그물에서 마치 백천 가지 악기로 합주를 하는 것과 같은 아름다운 음악소리가 울려 나오

나니, 그 소리를 듣는 이들은 저절로 부처님을 생각하고 법을 생각하고 불제자를 생각하는 마음이 생겨나느니라.

사리불아, 저 불국토는 이와 같은 공덕장엄들로 이루어져 있느니라.

사리불아, 어찌하여 저 부처님이 '아미타불'이라 불리게 되었다고 생각하느냐?

사리불아, 저 부처님의 광명이 한량이 없어서 시방의 모든 세계를 비추되 조그마한 장애도 없으므로 '아미타〔無量光〕'라고 부르게 되었느니라.

또 사리불아, 저 부처님과 극락세계 중생들의 수명이 가없는 아승지겁이기 때문에 '아미타〔無量壽〕'라고 이름하게 된 것이니라.

사리불아, 아미타불은 성불을 하신 지가 이미 십겁이 되었느니라.

또 사리불아, 저 부처님께는 한량없고 가이없는 성문(聲聞) 제자들이 있는데, 모두가 아라한으로 어떠한 셈법으로도 다 셀 수가 없으며, 보살 대중의 무리 또한 이와 같이 많으니라.

사리불아, 극락세계는 이와 같은 공덕장엄들로 이루어져 있느니라.

또 사리불아, 극락세계의 중생들은 누구나 보리심이 결코 후퇴하지 않는 불퇴전(不退轉)의 자리에 올라 있으며, 한 생 뒤에 부처가 될 일생보처보살(一生補處菩薩)도 많이 있나니, 그 수를 어떠한 셈법으로도 다 셀 수 없기 때문에 '한량없고 가이없는 아승지(阿僧祇)'라고 표현하느니라.

사리불아, 중생들은 마땅히 저 극락세계에 태어나기를 발원해야 하나니, 무슨 까닭인가? 그곳에 가면 가장 훌륭하고 착한 이

들과 한데 모여 살 수 있기 때문이니라.

사리불아, 조그마한 선근(善根)이나 복덕(福德)의 인연으로는 극락세계에 태어날 수 없느니라.

사리불아, 만일 선남자 선여인이 아미타불의 이름을 듣고 하루 이틀이나 사흘 나흘이나 닷새 엿새 이레 동안 산란함 없이 일심으로 아미타불의 이름을 외우면, 그 사람이 목숨을 마칠 때에 아미타불이 여러 성중(聖衆)들과 함께 그의 앞에 모습을 나타내시므로, 그 사람은 임종 시에 조그마한 흔들림 없이 곧바로 아미타불의 극락세계에 왕생하게 되느니라.

사리불아, 내가 이러한 이익을 분명히 보고 있기 때문에 이와 같은 말을 하는 것이니, 어떠한 중생이든 이 말을 듣는 이는 마땅히 극락세계에 태어나기를 발원할지니라.

사리불아, 내가 지금 아미타불의 불가사의한 공덕과 이익을 찬탄한 것처럼, 동방세계에 계시는 아촉비불 수미상불 대수미불 수미광불 묘음불 등 항하(恒河)의 모래알 수만큼 많은 부처님들 또한 각기 그 국토에서 삼천대천세계를 두루 덮는 크고 성실한 음성으로 설하시기를, "너희 중생들아, 마땅히 불가사의한 공덕을 찬탄하며 모든 부처님께서 호념(護念)하시는 이 경을 믿으라."고 하시느니라.

사리불아, 남방세계에 계시는 일월등불 명문광불 대염견불 수미등불 무량정진불 등 항하의 모래알 수만큼 많은 부처님들 또한 각기 그 국토에서 삼천대천세계를 두루 덮는 크고 성실한 음성으로 설하시기를, "너희 중생들아, 마땅히 불가사의한 공덕을

찬탄하며 모든 부처님께서 호념하시는 이 경을 믿으라."고 하시느니라.

사리불아, 서방세계에 계시는 무량수불 무량상불 무량당불 대광불 대명불 보상불 정광불 등 항하의 모래알 수만큼 많은 부처님들 또한 각기 그 국토에서 삼천대천세계를 두루 덮는 크고 성실한 음성으로 설하시기를, "너희 중생들아, 마땅히 불가사의 한 공덕을 찬탄하며 모든 부처님께서 호념하시는 이 경을 믿으라."고 하시느니라.

사리불아, 북방세계에 계시는 염견불 최승음불 난저불 일생불 망명불 등 항하의 모래알 수만큼 많은 부처님들 또한 각기 그 국토에서 삼천대천세계를 두루 덮는 크고 성실한 음성으로 설하시기를, "너희 중

생들아, 마땅히 불가사의한 공덕을 찬탄하며 모든 부처님께서 호념하시는 이 경을 믿으라."고 하시느니라.

사리불아, 下方世界(하방세계)에 계시는 사자불 명문불 명광불 달마불 법당불 지법불 등 항하의 모래알 수만큼 많은 부처님들 또한 각기 그 국토에서 삼천대천세계를 두루 덮는 크고 성실한 음성으로 설하시기를, "너희 중생들아, 마땅히 불가사의한 공덕을 찬탄하며 모든 부처님께서 호념하시는 이 경을 믿으라."고 하시느니라.

사리불아, 上方世界(상방세계)에 계시는 범음불 숙왕불 향상불 향광불 대염견불 잡색보화엄신불 사라수왕불 보화덕불 견일체의불 여수미산불 등 항하의 모래알 수만큼 많은

부처님들 또한 각기 그 국토에서 삼천대천 세계를 두루 덮는 크고 성실한 음성으로 설하시기를, "너희 중생들아, 마땅히 불가사의한 공덕을 찬탄하며 모든 부처님께서 호념하시는 이 경을 믿으라."고 하시느니라.

사리불아, 그대는 모든 부처님께서 이 경을 호념하시는 까닭이 무엇이라고 생각하느냐?

사리불아, 만약 이 경을 듣고 받아 지니거나 아미타불의 이름을 듣고 잊지 않는 선남자 선여인은 모든 부처님의 호념하심을 받아 가장 높고 바른 깨달음[아뇩다라삼먁삼보리]에서 물러나지 않게 되기 때문이니라.

그러므로 사리불아, 너희는 마땅히 나의 말과 모든 부처님의 말씀을 잘 믿고 받아 지닐지어다.

사리불아, 어떤 사람이 아미타불의 국토에 태어나기를 이미 발원하였거나 지금 발원하거나 장차 발원하게 되면, 그들 모두는 후퇴함이 없이 가장 높고 바른 깨달음을 향하여 나아가게 되며, 저 극락세계에 벌써 태어났거나 지금 태어나거나 장차 태어나게 되느니라.

그러므로 사리불아, 신심이 있는 선남자 선여인 등은 마땅히 저 극락세계에 태어나기를 발원해야 하느니라.

사리불아, 내가 지금 여러 부처님의 불가사의한 공덕을 찬탄하는 것과 같이 저 모든 부처님들 또한 나의 불가사의한 공덕을 칭찬하시느니라.

"석가모니불께서 심히 어렵고 드문 일을 하시나니, 시대가 탁하고[劫濁] 견해가 탁하

고〔見濁〕 번뇌가 탁하고〔煩惱濁〕 중생이 탁하고〔衆生濁〕 생명이 탁한〔命濁〕 오락악세(五濁惡世)의 사바세계에서 능히 가장 높고 바른 깨달음을 얻으신 다음, 모든 중생을 위하여 일체 세간이 믿기 어려운 이 법을 설한다."고.

사리불아, 마땅히 알아라. 여래가 오락악세에서 어려운 일을 행하여 가장 높고 바른 깨달음을 얻어서, 일체 세간을 위해 믿기 어려운 법을 설하는 것은 결코 쉬운 일이 아니니라.

부처님께서 이 경을 설하여 마치자 사리불과 여러 비구들, 일체 세간의 천인과 사람과 아수라 등이 부처님의 설법을 듣고는 믿고 받들고 환희하면서 예배를 하고 물러갔다.

# 아미타경
## 阿彌陀經

이와 같이 나는 들었다.

어느 때 부처님께서는 사위국(舍衛國) 기수급고독원(祇樹給孤獨園)에서 천이백오십인의 비구들과 함께 계시었다. 그들은 모두가 널리 알려져 있는 대아라한(大阿羅漢)으로, 장로 사리불 마하목건련 마하가섭 마하가전연 마하구치라 리바다 주리반타가 난타 아난타 라후라 교범바제 빈두로파라타 가류타이 마하겁빈나 박구라 아누루타 존자 등과 같은 큰 제자들이었다.

또한 보살마하살인 문수사리법왕자와 아일다보살〔미륵보살〕 건타하제보살〔香象菩薩 향상보살〕 상정

불기25  년  월  일  회 사경 시작

진보살 등의 대보살들과 석제환인[釋提桓因][제석천] 등 수많은 천인들이 함께하였다.

그때 부처님께서 장로 사리불에게 이르셨다.
여기에서 서쪽으로 십만억 국토를 지난 곳에 한 세계가 있으니 이름이 극락이요, 거기에 부처님이 계시니 호가 아미타이며, 지금도 법을 설하고 계시느니라.

사리불아, 저 세계를 왜 극락이라고 하는 줄 아느냐? 저 세계에 있는 중생들은 어떠한 괴로움도 없이 즐거움만을 누리므로 극락이라 하느니라.

또 사리불아, 극락세계는 일곱 겹으로 된 난간[七重欄楯]과 일곱 겹의 그물[七重羅網]과 일곱 겹의 가로수[七重行樹]가 있는데, 이들 모두가 금 은 등의 네 가지 보배로 아름답게

장식되어 있으므로 저 세계를 극락이라 하느니라.

또 사리불아, 극락세계에는 칠보로 된 연못[七寶池]이 있고, 그 연못에는 여덟 가지 공덕을 갖춘 물[八功德水]이 가득하며, 연못의 바닥에는 순금으로 된 모래가 깔려 있느니라.

연못 둘레에는 금 은 유리 수정 등의 보배로 이루어진 네 개의 계단이 있고, 그 위에 금 은 유리 수정 적진주 마노 등으로 찬란하게 꾸민 누각이 있느니라.

연못 가운데에는 큰 수레바퀴만 한 연꽃들이 피어 있는데, 푸른 꽃에서는 푸른 광채, 노란 꽃에서는 노란 광채, 붉은 꽃에서는 붉은 광채, 흰 꽃에서는 흰 광채가 나되 이를 데 없이 향기롭고 맑기가 그지없느니라.

사리불아, 극락세계는 이와 같은 공덕장[功德莊

엄(嚴)들로 이루어져 있느니라.

　또 사리불아, 저 불국토에는 늘 천상의 음악이 울려 퍼지고, 대지는 황금으로 이루어졌으며, 하루에 여섯 차례 천상의 만다라 꽃비가 내리는데, 극락세계의 중생들은 이른 아침마다 각자의 바구니에 온갖 묘한 꽃들을 담아 타방세계(他方世界)에 계시는 십만억 부처님께 공양을 올리고, 본국으로 돌아와 식사를 마친다음 즐거이 산책을 하느니라.
　사리불아, 극락세계는 이와 같은 공덕장엄들로 이루어져 있느니라.

　또한 사리불아, 극락세계에는 가지가지 기이하고 묘한 빛깔을 가진 백학 공작 앵무새 사리새 가릉빈가 공명조 등이 하루에 여섯 차례 화창하면서도 우아한 소리로 노

래를 하는데, 그 노래에서 오근 五根 오력 五力 칠보리분 七菩提分 팔정도 八正道 등의 법문이 흘러나오느니라.

극락세계 중생들은 그 노래 소리를 들으며 부처님을 생각하고〔念佛〕 법을 생각하고〔念法〕 불제자를 생각하느니라〔念僧〕.

사리불아, 그대는 이 새들이 죄업의 과보로 생겨난 것이라고 생각하지 말라. 왜냐하면 저 불국토에는 삼악도 三惡道(지옥·아귀·축생)가 없기 때문이니라.

사리불아, 그 곳은 '악도 惡道'라는 말조차 없는 세계이거늘 어찌 죄업의 과보가 있겠느냐.

이 새들은 아미타불께서 법음 法音을 펴기 위해 화현 化現으로 만든 것이니라.

사리불아, 저 불국토에서는 미세한 바람만 불어도 보석으로 장식된 가로수와 그물에서 마치 백천 가지 악기로 합주를 하는 것과 같은 아름다운 음악소리가 울려 나오

나니, 그 소리를 듣는 이들은 저절로 부처님을 생각하고 법을 생각하고 불제자를 생각하는 마음이 생겨나느니라.

사리불아, 저 불국토는 이와 같은 공덕장엄들로 이루어져 있느니라.

사리불아, 어찌하여 저 부처님이 '아미타불'이라 불리게 되었다고 생각하느냐?

사리불아, 저 부처님의 광명이 한량이 없어서 시방의 모든 세계를 비추되 조그마한 장애도 없으므로 '아미타〔無量光〕'라고 부르게 되었느니라.

또 사리불아, 저 부처님과 극락세계 중생들의 수명이 가없는 아승지겁이기 때문에 '아미타〔無量壽〕'라고 이름하게 된 것이니라.

사리불아, 아미타불은 성불을 하신 지가 이미 십겁이 되었느니라.

또 사리불아, 저 부처님께는 한량없고 가이없는 성문(聲聞) 제자들이 있는데, 모두가 아라한으로 어떠한 셈법으로도 다 셀 수가 없으며, 보살 대중의 무리 또한 이와 같이 많으니라.

사리불아, 극락세계는 이와 같은 공덕장엄들로 이루어져 있느니라.


또 사리불아, 극락세계의 중생들은 누구나 보리심이 결코 후퇴하지 않는 불퇴전(不退轉)의 자리에 올라 있으며, 한 생 뒤에 부처가 될 일생보처보살(一生補處菩薩)도 많이 있나니, 그 수를 어떠한 셈법으로도 다 셀 수 없기 때문에 '한량없고 가없는 아승지(阿僧祇)'라고 표현하느니라.

사리불아, 중생들은 마땅히 저 극락세계에 태어나기를 발원해야 하나니, 무슨 까닭인가? 그곳에 가면 가장 훌륭하고 착한 이

들과 한데 모여 살 수 있기 때문이니라.

사리불아, 조그마한 선근(善根)이나 복덕(福德)의 인연으로는 극락세계에 태어날 수 없느니라.

사리불아, 만일 선남자 선여인이 아미타불의 이름을 듣고 하루 이틀이나 사흘 나흘이나 닷새 엿새 이레 동안 산란함 없이 일심으로 아미타불의 이름을 외우면, 그 사람이 목숨을 마칠 때에 아미타불이 여러 성중(聖衆)들과 함께 그의 앞에 모습을 나타내시므로, 그 사람은 임종 시에 조그마한 흔들림 없이 곧바로 아미타불의 극락세계에 왕생하게 되느니라.

사리불아, 내가 이러한 이익을 분명히 보고 있기 때문에 이와 같은 말을 하는 것이니, 어떠한 중생이든 이 말을 듣는 이는 마땅히 극락세계에 태어나기를 발원할지니라.

사리불아, 내가 지금 아미타불의 불가사의한 공덕과 이익을 찬탄한 것처럼, 동방세계에 계시는 아촉비불 수미상불 대수미불 수미광불 묘음불 등 항하(恒河)의 모래알 수만큼 많은 부처님들 또한 각기 그 국토에서 삼천대천세계를 두루 덮는 크고 성실한 음성으로 설하시기를, "너희 중생들아, 마땅히 불가사의한 공덕을 찬탄하며 모든 부처님께서 호념(護念)하시는 이 경을 믿으라."고 하시느니라.

사리불아, 남방세계에 계시는 일월등불 명문광불 대염견불 수미등불 무량정진불 등 항하의 모래알 수만큼 많은 부처님들 또한 각기 그 국토에서 삼천대천세계를 두루 덮는 크고 성실한 음성으로 설하시기를, "너희 중생들아, 마땅히 불가사의한 공덕을

찬탄하며 모든 부처님께서 호념하시는 이 경을 믿으라."고 하시느니라.

　사리불아, 서방세계에 계시는 무량수불 무량상불 무량당불 대광불 대명불 보상불 정광불 등 항하의 모래알 수만큼 많은 부처님들 또한 각기 그 국토에서 삼천대천세계를 두루 덮는 크고 성실한 음성으로 설하시기를, "너희 중생들아, 마땅히 불가사의 한 공덕을 찬탄하며 모든 부처님께서 호념하시는 이 경을 믿으라."고 하시느니라.

　사리불아, 북방세계에 계시는 염견불 최승음불 난저불 일생불 망명불 등 항하의 모래알 수만큼 많은 부처님들 또한 각기 그 국토에서 삼천대천세계를 두루 덮는 크고 성실한 음성으로 설하시기를, "너희 중

생들아, 마땅히 불가사의한 공덕을 찬탄하며 모든 부처님께서 호념하시는 이 경을 믿으라."고 하시느니라.

사리불아, 下方世界 하방세계에 계시는 사자불 명문불 명광불 달마불 법당불 지법불 등 항하의 모래알 수만큼 많은 부처님들 또한 각기 그 국토에서 삼천대천세계를 두루 덮는 크고 성실한 음성으로 설하시기를, "너희 중생들아, 마땅히 불가사의한 공덕을 찬탄하며 모든 부처님께서 호념하시는 이 경을 믿으라."고 하시느니라.

사리불아, 上方世界 상방세계에 계시는 범음불 숙왕불 향상불 향광불 대염견불 잡색보화엄신불 사라수왕불 보화덕불 견일체의불 여수미산불 등 항하의 모래알 수만큼 많은

부처님들 또한 각기 그 국토에서 삼천대천 세계를 두루 덮는 크고 성실한 음성으로 설하시기를, "너희 중생들아, 마땅히 불가사의한 공덕을 찬탄하며 모든 부처님께서 호념하시는 이 경을 믿으라."고 하시느니라.

사리불아, 그대는 모든 부처님께서 이 경을 호념하시는 까닭이 무엇이라고 생각하느냐?

사리불아, 만약 이 경을 듣고 받아 지니거나 아미타불의 이름을 듣고 잊지 않는 선남자 선여인은 모든 부처님의 호념하심을 받아 가장 높고 바른 깨달음[아뇩다라삼먁삼보리]에서 물러나지 않게 되기 때문이니라.

그러므로 사리불아, 너희는 마땅히 나의 말과 모든 부처님의 말씀을 잘 믿고 받아 지닐지어다.

사리불아, 어떤 사람이 아미타불의 국토에 태어나기를 이미 발원하였거나 지금 발원하거나 장차 발원하게 되면, 그들 모두는 후퇴함이 없이 가장 높고 바른 깨달음을 향하여 나아가게 되며, 저 극락세계에 벌써 태어났거나 지금 태어나거나 장차 태어나게 되느니라.

그러므로 사리불아, 신심이 있는 선남자 선여인 등은 마땅히 저 극락세계에 태어나기를 발원해야 하느니라.

사리불아, 내가 지금 여러 부처님의 불가사의한 공덕을 찬탄하는 것과 같이 저 모든 부처님들 또한 나의 불가사의한 공덕을 칭찬하시느니라.

"석가모니불께서 심히 어렵고 드문 일을 하시나니, 시대가 탁하고[劫濁] 견해가 탁하

고〔見濁〕 번뇌가 탁하고〔煩惱濁〕 중생이 탁하고〔衆生濁〕 생명이 탁한〔命濁〕 오탁악세(五濁惡世)의 사바세계에서 능히 가장 높고 바른 깨달음을 얻으신 다음, 모든 중생을 위하여 일체 세간이 믿기 어려운 이 법을 설한다."고.

사리불아, 마땅히 알아라. 여래가 오탁악세에서 어려운 일을 행하여 가장 높고 바른 깨달음을 얻어서, 일체 세간을 위해 믿기 어려운 법을 설하는 것은 결코 쉬운 일이 아니니라.

부처님께서 이 경을 설하여 마치자 사리불과 여러 비구들, 일체 세간의 천인과 사람과 아수라 등이 부처님의 설법을 듣고는 믿고 받들고 환희하면서 예배를 하고 물러갔다.

**미타신앙 미타기도법** / 김현준 지음   신국판 160쪽 6,000원

'나무아미타불'의 염불은 내생뿐만 아니라 현세까지도 극락으로 바꾸어 놓습니다. 이 책에서는 아미타불의 참 모습에서부터 극락에서 누리는 행복, 칭명염불·관상염불·오회염불·천도염불 등의 각종 염불수행법을 자세히 밝히고 있습니다. 불교신앙의 결정판으로, 기도성취를 바라는 이들에게 훌륭한 길잡이가 될 것입니다.

**아미타불 명호사경** / 김현준 엮음   4×6배판 160쪽 6,000원

'나무아미타불'과 '아미타불'을 오회염불법에 따라 외우고 쓰는 특별한 명호사경집입니다. 집중력을 더하여, 심중 소원 성취에 큰 도움을 줍니다.

## 아미타경 한글 사경

초 판 1쇄 펴낸날  2012년 11월 12일
　　　11쇄 펴낸날  2025년  4월 25일

옮긴이  김현준
엮은이  김현준
펴낸이  김연수

펴낸곳  새벽숲
등록일  2009년 12월 28일 (제321-2009-000242호)
주 소  서울특별시 서초구 반포대로14길 30, 906호 (서초동, 센츄리I)
전 화  02-582-6612, 587-6612
팩 스  02-586-9078
이메일  hyorim@nate.com

값 5,000원

ⓒ 새벽숲 2012
ISBN  978-89-969626-1-8   13220

새벽숲은 효림출판사의 자매회사입니다 (새벽숲은 曉林의 한글풀이).
잘못 만들어진 책은 바꿔 드립니다.
이 책은 저작권법에 따라 보호를 받는 저작물이므로 무단전재와 무단복제를 금지합니다.
표지사진 : 성보문화재연구원 제공